AF563688

PRÉCIS

DU COMPTE RENDU

A LA

CONVENTION NATIONALE,

PAR LE GÉNÉRAL N. X. RICARD.

DE SA

CONDUITE PUBLIQUE

DEPUIS

SON DÉPART DE FRANCE.

Adressé au Comité de Salut Public & à la Commission des Colonies, le 4 Messidor (12 Juillet) an troisième de la République française, une indivisible.

A PHILADELPHIE,

DE L'IMPRIMERIE DE PARENT.

1795.

LE GÉNÉRAL N. X. RICARD

AU

COMITE DE SALUT PUBLIC (1).

REPRÉSENTANS DU PEUPLE FRANÇAIS,

MES dépêches aux ministres et au conseil exécutif de la République, et les comptes que j'ai rendus à la Convention nationale, ont déjà répondu aux diverses questions que je vais reproduire dans ce précis d'une manière plus isolée et plus concise.

Quels titres aviez-vous à la confiance de la nation, lorsque vous fûtes nommé pour administrer une Colonie?

Plus de cinquante années de services de guerre et une conduite irréprochable, m'avaient élevé, avant l'époque de la révolution, au grade d'officier général.

J'avais servi pendant les guerres de 44 et de 56; j'avais le titre d'expectative d'un commandement supérieur et je jouissais d'un traitement provisoire de près de sept mille livres. Le nombre de mes campagnes, constaté conformément aux décrets de l'assemblée constituante, fixait le traitement de retraite auquel j'avais droit de prétendre au *maximum* de six mille livres.

---

(1) Le général Ricard a joint au compte qu'il a rendu à la Convention nationale le 14 Frimaire, (4 Décembre 94) de l'administration et de la défense de Ste-Lucie, les pièces officielles qui attestent la vérité de ses récits.

Il croit que ce Précis inspirera la volonté de lire l'écrit qu'il annonce; l'étendue qu'il lui a donnée lui a permis de remonter aux causes des faits qu'il raconte, de suivre leur enchaînement, de fixer les rapports qu'ils ont eu avec les événemens qui ont agité la France, et d'annoncer quelques principes utiles aux Colonies.

Les députés des trois départemens de ma ci-devant province se réunirent pour demander que je fusse compris dans le premier état des officiers généraux que la France employait. Le titre de cette demande existe dans les dépôts du comité de la guerre de l'assemblée constituante.

Quelque tems après, un commandement de première ligne me fut offert avec le grade de lieutenant général.

J'avais etudié les rapports qui lient les intérets de la Métropole avec ceux des colonies où j'avais exercé plusieurs années un commandement supérieur. Des mémoires qui m'avaient été démandés concernant ces intérets respectifs, sont conservés dans les anciens dépôts de la marine et des affaires étrangères. Les gouvernemens des Isles-du-Vent et sous le Vent, me furent successivement proposés.

L'assemblée législative desirait de nouveaux renseignemens. Le gouvernement de Ste-Lucie me fut offert comme un titre nécessaire d'activité; je devais recevoir, peu de tems après mon arrivée, le brevet dû à mon ancienneté de service, une distinction militaire qui n'existe plus, et des ordres pour une mission desirée par les représentans du peuple; mon retour en France devait être prochain (1).

Je trouvai la Martinique en révolte ouverte; la station maritime, complice des trahisons du gouverneur, dispersa notre convoi. Nous nous réfugiâmes à Saint-Domingue. Je revins aux Isles-du-Vent dès que de nouveaux ordres de l'assemblée législative y eurent appellé le commandant militaire général de ces isles. Je n'insiste pas sur ces détails connus.

Voici ceux qui me furent uniquement personnels.

---

(1) Ces détails sont consignés dans les bureaux du département des Colonies.

Lorsque la *Gabarre* sur laquelle j'avais fait ma traversée entra dans le bassin du Fort-Royal, j'allai à bord de la *Semillante*, qui manœuvrait pour protéger notre convoi.

La gabarre relâcha à St-Christophe, elle y fut prise par la *Calipso*, frégate de la station révoltée. Ma gratification de départ, mes porte feuilles, des papiers précieux, tous mes effets furent enlevés : j'arrivai à St-Domingue dépouillé de tout; j'y fus dangereusement malade.

Cependant le ministère qui m'avait employé, n'avait eu qu'un moment d'existence. Ma situation, mes demandes, la mission que je devais remplir, les promesses qui m'avaient été faites, tout fut oublié. Je n'obtins pas de réponse à mes lettres (1).

Je restai privé de mon rang dans le service, seul avantage dont l'estime de soi-même ne permet jamais le sacrifice; et lorsque mon ame avait le plus de besoin d'une grande énergie, ce souvenir d'un oubli, si ressemblant au mépris, m'affectait vivement.

Après plus de cinquante années de services, et l'un des plus anciens officiers généraux de l'armée, c'était un commandement inférieur que j'allais exercer; c'était d'un traitement sans proportion dont j'allais jouir; c'était sur mes crédits personnels et par des emprunts que je devais effectuer mon établissement; c'était une faible garnison qu'un climat meurtrier détruisait chaque jour, et qui ne recevait de la Métropole ni prêts, ni vêtemens, ni subsistances, que j'allais commander; c'était d'un poste découvert, d'un morne que ne protégeait aucune enceinte fermée, dont j'allais prendre la défense, au risque d'y compromettre une réputation acquise et l'hon-

(1) Voyez mes dépêches de St-Domingue, du 11 Octobre 92 au 7 Janvier 93.

neur des drapeaux français ; c'était au milieu des factions que la misère et le silence du pouvoir exécutif de la République rendaient plus entreprenantes, que je venais habiter ; c'était une colonie délaissée, souffrante et épuisée, que je venais administrer.

Comment l'avez vous administrée ?

Par la confiance que j'ai inspirée.

Ste-Lucie ne recevait de la Métropole ni subsistances, ni munitions de guerre, ni troupes, ni argent ; la France ne lui donnait ni consolations ni encouragemens. J'obtins de cette colonie des efforts généreux et difficiles ; elle prit sur son compte toutes les dépenses que le gouvernement payait autrefois, mais elle ne pouvait en acquitter qu'une partie.

Le systéme atroce imaginé, quelque tems après, pour priver la République de toutes ses ressources, dicta l'abandon total des colonies. Les comestibles s'élevèrent et se soutinrent à des prix exorbitants. Cependant, le zèle et le crédit de quelques habitans aisés, l'assiduité de mes soins, l'emploi des moyens dont j'ai rendu compte, l'union des intentions et l'accord constant entre les corps populaires et le gouvernement, ont heureusement, pendant dix mois, éloigné, de cette isle abandonnée, la famine et le désespoir (1).

Par l'absence des commissaires nationaux, le pouvoir des lois était affaibli ; j'aurais souvent manqué de la force nécessaire à leur appui, j'employai l'art patriotique et plus puissant de les faire aimer.

---

(1) Voyez mes lettres aux ministres, à la Convention et au ministre près les Etats Unis.

Par l'absence des commissaires, les ressorts du gouvernement étaient incomplets, et il fallait cependant lui imprimer un mouvement régulier; la législature était loin de moi, et il fallait que je fusse *requis* pour agir; je n'étais légalement qu'un instrument secondaire, quoique responsable de la naissance et des progrès des événemens.

J'étais pressé entre les royalistes qui désiraient le retour de l'ancien gouvernement, et les factieux qui ne voulaient pas de gouvernement, afin de profiter des tems d'anarchie et de désordre. Ces deux partis opposés dans les résultats de leurs vues, s'accordaient dans le premier choix de leurs moyens, l'avilissement et la chute des autorités. Dans l'intervalle qui séparait ces deux partis, j'ai conservé, j'ai agrandi le champ du patriotisme.

Les plans des royalistes étaient trop connus, et la loi les désignait trop expressément pour que je dusse les craindre; mais les anarchistes déguisés, et quelquefois avec assez d'adresse, sous le masque du civisme, ne pouvaient être décelés et vaincus que par leurs excès.

Par des démonstrations franches et populaires, j'avais étendu, d'une manière surprenante, les liens de *l'égalité*; j'avais réduit au silence le plus irascible des préjugés.

Les commotions de l'esprit de parti étaient vives, mais de peu de durée, et pour les réprimer j'ai souvent déployé la force armée, je l'annonçais, je la conduisais moi-même; et j'ai eu, pendant dix mois, l'adresse et le bonheur de ne pas la faire agir, et de ne pas la compromettre.

La loi fondamentale qui m'était prescrite était celle du 25 août 1792, la dernière qui avait été donnée officiellement à la Colonie (1). Je n'a-

(1) Cette loi déterminait les fonctions du pouvoir exécutif délégué.

vais pas reçu d'autres décrets ; on ne nous avait pas fait l'envoi des lois réglementaires qui auraient donné à l'administration plus de facilités, plus de force et d'appui.

La loi du 25 août déterminait donc ma conduite. Je fondais mes succès sur un accord intime et inaltérable, avec la grande majorité de l'assemblée coloniale et les onze municipalités de l'Isle (1); cet amour du bien public, ce concours des volontés ne furent point altérés. Les lois fixaient les limites des différens pouvoirs, elles n'ont pas été franchies ; j'ai protégé, en les respectant, les fonctions des corps populaires, et je n'aurais pas souffert qu'on eut usurpé l'exercice de mes devoirs.

C'est de cette manière et dans le tems que toutes les possessions de la République étaient immolées aux fureurs d'une faction tyrannicide, lorsque les anarchistes des colonies, excités par des correspondances secrètes, espéraient un appui, que les royalistes osaient se promettre des protecteurs, et que, près de moi, toutes les îles de l'Archipel français également abandonnées et, pour ainsi dire, proscrites, étaient livrées aux fléaux d'une guerre intestine, c'était à cette même époque, et pendant dix mois, que l'on citait Ste-Lucie comme une portion de terre fortunée, où il n'avait pas été répandu une goutte de sang, où les travaux n'avaient pas été suspendus, quoique les productions n'eussent pas de débit, où les capitaux avaient été conservés, où le règne des lois avait été maintenu par la paix.

Quelle conduite avez-vous tenue lorsque des troubles publics ont eclates a Ste-Lucie?

De promptes résolutions, une fermeté soutenue firent respecter les loix dès quelles furent menacées.

(1) J'ai plus de cent lettres des Municipalités qui attestent cette réserve et cet accord.

Une

Une scène déplorable s'ouvre tout à-coup ; les factieux s'irritent de nos succès pacifiques, ils projettent de renverser l'édifice de notre civisme et de notre bonheur.

Les anarchistes des deux colonies voisines se réunissent ; on employe, mais sans succès, tous les moyens imaginables de séduire, de corrompre la troupe de ligne, ces sages républicains, mon espoir et celui de la loi ; et dans un moment où j'étais absent, on dissout l'assemblée coloniale avec violence, on la disperse par la terreur (1) ; on nomme dans le chef-lieu de l'île, une assemblée primaire illégale, les factieux la composent, ils donnent à la ville une nouvelle municipalité (2).

Ce corps municipal inconstitutionel, ouvre un registre d'enrôlement ; la troupe de ligne et moi sommes menacés, et, pour ainsi dire, assiégés et sur la défensive pendant trois nuits. Une représentation municipale de tous les quartiers accourt pour rétablir l'ordre ; on l'insulte, on la disperse (3), des hommes inconnus et armés se rassemblent et occupent un des quartiers de la ville ; on répand dans toute l'île des écrits incendiaires (4) ; on ébranle la fidélité des ateliers ; on me menace de déportation et d'assassinat ; l'ordre public, les propriétés et la vie des citoyens étaient exposés aux plus grands dangers.

Par des proclamations énergiques je rassurai les citoyens étonnés ; je ralliai les membres constitués de l'assemblée que les factieux avaient dispersés, je les reinstallai dans la salle de leurs séances ; j'avais protégé leur rassemblement, je veillai à leur sureté, ils délibérèrent librement, et les lois reprirent leur empire (5).

---

(1) Voyez cote A, B et G du compte rendu. (2) Voyez cote H, 1, 2 et 3. (3) Voyez cote F, pièces 1 et 2. (4) Voyez cote I, No 1, 2 et 3. (5) Voyez cote H et mes proclamations.

Ce fut au milieu des bayonnettes des révoltés, prononçant le nom imposant de la loi, et sans verser de sang, que je rétablis l'ordre et la paix. Des transports de reconnaissance succèdent rapidement à ceux de la fureur; les armes des factieux tombent à mes pieds; on me nomme le libérateur de la colonie; les chefs feignent de se soumettre et de se rallier aux autorités constituées.

Mais peu de tems après, de basses adulations m'annoncèrent de nouvelles perfidies. Trois officiers du bataillon et l'ingénieur en chef désertèrent; le nouveau corps municipal, rallumant l'espoir du parti, osa les dérober à la discipline militaire et les mettre *sous l'appui de la loi*; le bataillon reclama les transfuges, la municipalité les refusa; je leur ordonnai de revenir à leurs postes, ils me désobéirent (1). Les révoltés, en plus grand nombre, reprirent les armes; les officiers déserteurs furent leurs chefs; la guerre civile fut déclarée.

L'assemblée Coloniale, assurée de l'appui prudent et ferme que je donnerais à ses délibérations et de l'exécution de ses arrêtés provisoires, suspendit de leurs fonctions les municipaux coupables, fit occuper leurs places *en interim* par des membres pris dans son sein, décréta les chefs des complots, et déclarant *la Colonie en danger* (2), remit, avec confiance dans mes mains, le glaive de la loi.

Quelques-uns de ces chefs furent arrêtés, d'autres se répandirent dans les campagnes où ils rassemblèrent les révoltés qui s'étaient enfuis.

Je fis marcher des détachemens pour m'instruire

---

(1) Voyez les Nos. 1, 2, 3 et 4 de la cote C, et la lettre de l'un des Factieux du 13 Décembre 93. Les détails supprimés dans ce Précis, sont tous interessans.

(2) Voyez cote L, No 3.

des points de rassemblement et surveiller les ateliers. Un de mes postes de nuit fut massacré. Toutes les parties de mon plan s'exécutèrent alors à la fois (1).

Je pris avec moi la compagnie de grenadiers et deux détachemens de colons, la plupart citoyens de couleur; je poursuivis les révoltés, je les atteignis par des marches forcées, et les contraignis de se réunir sur le terrain où je m'étais promis de les amener et de les soumettre.

Je les attaquai. La batterie dont ils se servirent contre les troupes de la République, fut enlevée l'épée à la main; j'épargnai le sang autant qu'il me fut possible; le plus grand nombre d'entre eux rendit les armes; on poursuivit et l'on saisit presque tout le reste des fuyards. Une proclamation générale de pardon et de paix succéda à ces instans d'orage; les ateliers reprirent leurs travaux, et les témoignages de la reconnaissance, l'ivresse de la joie, éclatèrent de toutes part.

J'ai mis sous les yeux de la Convention le journal de ces événemens, que de grands excès avaient rendus inévitables.

En lisant cet écrit avec quelque attention, on sera surpris de la ressemblance qui a existé entre les événemens que je décris et la plupart de ceux qui ont si fréquemment menacé la République. C'est que les colonies ont imité ou prématuré les drames tragiques de la France; c'est que les mêmes fils faisaient mouvoir tous les ressorts, et que sur des théâtres, plus ou moins vastes, les passions étaient par-tout semblables.

Je vais répondre à de nouvelles questions.

De quelles ressources pouviez-vous faire usage pour mettre la Colonie en état de défense contre l'ennemi extérieur?

De tout ce que peuvent arracher à la disette

(1) Voyez mon journal du 4 au 17 Janvier 93, cote N.

des moyens un patriotisme vrai et des intentions généreuses.

La détresse de Ste-Lucie avait des causes qui lui étaient toutes particulières, et qu'il est important de connaître pour se former une idée convenable de sa situation et des obstacles multipliés qu'il m'a fallu surmonter.

Depuis plus de trois ans, Ste-Lucie n'avoit reçu, ni directement de la Métropole, ni par la voie de la Martinique, la somme annuelle de près de sept cent mille livres que la France destinait autrefois aux dépenses de son administration : les anglais, dans le tems qu'ils l'avaient possédée, avaient augmenté ses cultures, et ses colons étaient débiteurs de près de dix millions aux maisons de commerce de la *Grenade* et de *Saint-Vincent*, ils supportaient les intérêts de cette dette énorme : la déclaration de la guerre venait de rendre inutile *la franchise* de leurs ports, et leurs denrées n'avaient plus de débouchés ; les îles neutres et les commerçants du continent de l'Amérique préféraient de destiner leurs cargaisons à l'approvisionnement des villes opulentes de *St-Pierre* et de la *Pointe-à-Pitre*, où les ventes et les payemens étaient plus assurés. Ste-Lucie était fréquemment bloquée et manquait de tout, on payait tout à des prix excessifs et n'avait plus de numéraire. Quatre ou cinq cens patriotes persécutés, avant notre arrivée, et échappés des deux îles voisines, étaient venus lui demander asyle, elle avait partagé avec eux ses dernières ressources.

J'ai prouvé dans mes dépêches et rappellé dans mon *compte rendu*, que l'administration ne disposait d'aucuns fonds, que les magasins étaient presque vuides ; que je n'avais pas trouvé sur un développement de près de trente lieues de côtes, quatre canons montés (1) ; que je n'avais pas un

(1) Voyez mes dépêches aux Ministres, produites.

écu à donner à un corps de canonniers habitans que j'avais formé ; que la moitié de la garde nationale des quartiers ne pouvait pas supporter les frais d'un déplacement ; que de deux cens soldats du bataillon, il y en avait quelquefois près d'un tiers à l'hôpital ; et que malgré les exortations et les contraintes militaires, les prières et les punitions, les ateliers n'ont pas fournis la huitième partie des corvées exigées (1).

Cependant les batteries de la côte furent mises, quoique lentement, en état de servir, et j'en fis construire de nouvelles.

J'ai prouvé que n'ayant sur le *Morne Fortuné* ni fort, ni palissades, ni remparts, et que n'ayant trouvé sur ce morne que des encombremens et des fondations d'ouvrages commencés plusieurs années auparavant, et presque dégradées, je dûs me borner à faire élever sur un plateau, qui n'était que la cinquième partie de sa sommité, un réduit en retranchement de terre, une *redoute* que les pluies *de l'hivernage*, les distractions de la guerre intérieure, l'inexactitude des corvées et la disette d'ouvriers qu'on ne payait pas, ne permirent pas d'achever (2).

J'ai prouvé qu'à l'exception des farines et des salaisons (c'est à ces approvisionnemens que j'avais destiné l'emploi tout entier de nos emprunts) j'ai toujours été absolument dépourvu des autres comestibles ou fournitures de premier besoin ; que les médicamens et la viande ont souvent manqué à l'hôpital militaire ; que les vêtemens de la troupe et ses hamacs n'étaient plus que des lambeaux ; que j'avais cédé pour satisfaire à des besoins pressans mes émolumens presque en entier ; que je n'avais pas de fusils

---

(1) Voyez les arrêtés de l'assemblée coloniale, mes ordres et les états des corvées.

(2) Voyez mes lettres du 16 et 18 Mars 93, produites avec un plan.

pour armer les gardes nationales; que la poudre était emmagasinée depuis sept ans et éventée ; que je ne pouvais pas payer des charpentiers pour équarrir des palissades, construire ou réparer des affûts; et que les meilleurs citoyens me voyant abandonné de la Métropole et se voyant abandonnés eux-mêmes, perdaient insensiblement ce qui leur restait d'énergie.

J'avais éloigné de tout mon pouvoir l'instant fatal de cette sorte de découragement, qui ne laisse plus de place aux résolutions d'un dévouement généreux. Le patriotisme de quelques habitans, encouragés par mon exemple et mes discours, se soutenait encore contre cette apathie que produisent enfin une continuité de besoins qu'on ne peut satisfaire, et la douleur d'un abandon qu'on n'a pas mérité, lorsque les royalistes de la Martinique, secondés d'environ trois mille anglais, s'insurgèrent et furent vaincus et dispersés. Cette troupe fugitive sur la mer parut vouloir tenter une revange à Ste-Lucie; elle resta, pendant trois jours, en présence de nos côtes, elle fut canonnée et repoussée de toutes parts (1).

Le comité de sureté de notre assemblée m'avait fait savoir que des hommes suspects avaient abordé, de nuit, les anses du vent de l'île; j'en fis arrêter plusieurs dès que j'eus quelques preuves acquises. Les projets de soulévemens intérieurs et de diversion furent éventés; les anglais n'apperçurent aucuns des signaux convenus, et je crois que la célérité de mes précautions donna lieu au manœuvres incertaines des vaisseaux ennemis, et fit déterminer leur retraite.

Après avoir soutenu plusieurs fois, contre des méchants, une lutte victorieuse mais fatiguante, me serait-il interdit de reposer mon ame sur des idées consolantes ? L'assemblée coloniale rendit compte à la Convention nationale de la conduite

(1) Voyez cote N, No 1 et 2.

des habitans. Je rapporte quelques-unes des expressions qui me concernent dans sa relation qu'elle fit imprimer et répandre dans les trois colonies (1).

« L'assemblée croit devoir à la vérité, d'assu-
» rer les représentans de la nation que le général
» Ricard s'est montré, dans cette occasion, digne
» de l'estime et de la confiance des colons ; son
» zèle infatiguables, ses talens, son sang froid
» ont présidé à toutes les opérations que les cir-
» constances prescrivaient. Les batteries étaient
» dans un état respectable de défence ; les postes
» étaient garnis ; une troupe choisie était déjà prête
» à marcher à la rencontre des ennemis ; tout,
» enfin, annonçait une action terrible, tandis que
» le général, tranquille au milieu de ces mouve-
» mens, veillait à tout, prévoyait tout ; et par
» des ordres aussi sages que raisonnés, établis-
» sait la confiance, et l'aissait dans tous les cœurs
l'assurance du succès le plus heureux „.

Je reçus, dans un autre tems, les derniers adieux des magistrats du peuple, au moment où je me séparais d'eux (2) Je leur renouvelle, dans cet écrit, le tribut de ma reconnaissance.

« Un des derniers usages que nous faisons de
» l'autorité municipale que les loix de la Républi-
» que nous avaient confiée, nous l'employons,
» comme magistrats du peuple, à vous prier d'ac-
» cepter en son nom et au nôtre, le témoignage
» très-sincère de sa reconnaissance, de sa véné-
» ration et de l'amour qu'il vous doit pour le ci-
» visme, la sagesse et le courage que vous avez
» montré dans tout le cours de votre adminis-
» tration, dans les circonstances multipliées et
» difficiles où la colonie s'est trouvée. Votre souvenir nous sera toujours précieux. Agréés, général, l'hommage, etc ».

(1) L'imprimé a été produit.
(2) Pièce produite.

Cette estime réciproque, ce concours des intentions si rare et si précieux entre le peuple et le gouvernement, cet accord qui avait conservé les propriétés, et qui seul pouvait faire supporter des besoins sans cesse renaissans et un abandon humiliant, cette harmonie, ces heureux effets m'ont cependant été reprochés par des hommes avides et altérés de sang, commes des faiblesses ou des erreurs.

Je cède au desir de citer un seul exemple des formes paisibles que j'employais dans l'administration; je le prends, comme au hazard, parmi les détails consignés dans mon *compte rendu*. Nous avions un *club* patriotique et très-sage, quoiqu'il eut eu pour instituteur un des chefs des anarchistes; l'esprit de ce chef altéra enfin cette institution; il s'était commis, à son occasion, dans *Félicité Ville*, de grands excès que j'avais été obligé de réprimer, on menaçait de les reproduire. L'assemblée Coloniale, ni moi, n'avions le droit de fermer le club, mais cette association pouvait vouloir d'elle-même suspendre ses séances. Je négociai privativement, pendant plusieurs jours, cette paix publique; et dès que je pus m'appercevoir que j'avais décidé vers la raison la majorité des suffrages, la proposition de suspendre les séances fut mise librement en *motion*, délibérée et convertie en *pétition*; nous n'eûmes plus qu'à déférer *au vœu* qu'on nous exprimait; et ne pouvant remédier à tous les abus, nous tarîmes, du moins, une des sources continuelles d'irritations, de troubles et de rivalités.

Je dois dire ici que j'ai profité de toutes les occasions que j'ai pu me procurer pour instruire les comités et la Convention elle même, des diverses situations que je viens de dépeindre; que mes représentations ont été motivées et pressantes, et mes expressions le *dire* courageux et franc d'un d'un républicain ; que j'ai annoncé les malheurs qui sont arrivés et indiqué les moyens de les prévenir ; que les premiers agens exécutifs de l'autorité barbare qui avait réuni tous les pouvoirs, quoique français fidelles et bien intentionnés, continuellement sous la crainte des délations et le fer de la tyrannie, ne m'ont pas fait une seule réponse ; que je supportais, envers la Colonie entière, la défaveur des promesses oubliées ; et qu'enfin les anarchistes citaient à tous propos cet oubli comme une démonstration du désaveu de ma conduite. Entouré de toutes les difficultés, abreuvé de toutes les amertumes, combien de fois n'ai-je pas envié le sort du plus simple soldat de nos armées victorieuses !

Comment vous êtes vous défendu lors de l'invasion des anglais ?

Avec le courage et le sang froid d'une centaine de braves soldats, sur un morne presque sans défense (1).

Les Forts de la Martinique venaient de soutenir un siége opiniâtre. Cette île envahie par quatorze mille hommes, avait enfin subi la loi du plus fort.

Sept mille hommes, dont cinq mille d'infanterie anglaise, douze cens des équipages des vaisseaux et des travailleurs armés, furent destinés à l'attaque de Ste-Lucie. Le dispositif prévu de ma défense générale ne permettait pas de leur opposer en masse plus de cinq cens habitans ; je n'avais plus que quatorze canonniers de l'ancien corps d'artillerie ; l'équipage du seul *Aviso* de l'état que j'avais à ma disposition n'était plus que de huit matelots ; il ne restait point de bâtimens du commerce, point

(1) Voyez le double des états remis aux généraux anglais lors de la capitulation.

de marins dans le port ; et lorsque j'aurais été tenté de méconnaître l'inutilité et de braver les dangers d'armer les ateliers , je n'aurais point eu d'armes à leur donner.

Le sort de la Martinique , les promesses et les menaces consignées dans un manifeste que les anglais avaient fait répandre avec profusion (1) ; les craintes qu'inspiraient les restes d'une faction vaincue , qui pouvait profiter de l'absence des habitans appellés à la défense commune et qui faisait redouter l'incendie des habitations ; un épuisement trop réel , une disproportion de forces excessive et que la crainte exagerait ; et la perte , enfin , de l'illusion consolante qui avait si longtems fait espérer des secours ; toutes ces causes agissant à la fois à l'aspect de trente-deux bâtimens de guerre qui bordérent les côtes le 31 Mars , produisirent une stupeur et une inaction presque générales.

J'avais demandé des commissaires à l'assemblée coloniale , ils avaient parcouru les quartiers , moi-même j'en avais visité plusieurs; des proclamations véhémentes , mes signaux d'allarme répétés n'avaient produit aucun effet (2) ; on ne répondait plus à mes discours passionnés , à ma douleur profonde, que par de vains souhaits et des témoignages d'impuissance. Je n'avais pas de fusils à donner aux colons qui arrivaient sans armes , je n'avais point de forts, point de remparts pour leur offrir quelque apparence d'une défense victorieuse , et pour tromper la terreur.

Mon expérience et tous ses souvenirs rappellés à ma mémoire , ne m'offraient point d'expédiens, point de ressources favorables. Telle était, aprés de longs travaux , aprés des actions de

---

(1) Voyez le manifeste des anglais imprimé.

(2) Voyez mes Proclamations , ma circulaire confiée aux commissaires , et cote C, No 1, 2, 3, 4, 5 et 6.

guerre, après avoir donné plusieurs fois une partie de mon sang à ma patrie, telle était la dernière situation que la fortune m'avait réservée.

Mes ordres de défense générale furent cependant partiellement exécutés. Une portion des gardes nationales se rendit aux batteries; mais dès que des vaisseaux de ligne eurent été embossés, et que des chaloupes armées, se déployant au même signal, furent en mesure d'aborder les côtes sur cinq points séparés, les batteries d'abord faiblement servies, furent abandonnées.

J'avais espéré que les pelotons de troupes nationales, plutôt déconcertés que repoussés ou vaincus, se rendraient aux lieux de ralliement prévus et déterminés dans l'ordre général de défense (1), ils n'y vinrent point; je fis sortir des détachemens pour les recevoir; ces détachemens, composés de sections de divers quartiers, ne rentrèrent point.

Du petit nombre des gardes nationales que j'avais encore auprès de moi, il ne me resta que cent et quelques citoyens de couleur, et lorsqu'ensuite les têtes des colonnes s'approchèrent du retranchement, une partie de cette troupe le franchit et ne reparut plus.

Je ne puis taire ces vérités; mais je dois rappeller aussi le souvenir de ce qu'avait mérité jusqu'alors la persévérance et le civisme du plus grand nombre des citoyens; je dois également, pour être juste, reproduire le tableau de la douleur accablante que leur avaient fait éprouver, près de deux années d'un abandon absolu, et les calculs de l'extrême inégalité des forces, et la

---

(1) Voyez mon ordre de défense, mes consignes des batteries, ma désignation des postes et mes réglemens de service.

prévoyance des dangers qui suivraient l'abandon des habitations et le désespoir d'exposer des femmes et des enfans à l'insurrection et aux outrages des nègres, ou au fer des anglais.

J'étais donc réduit à défendre un poste très-faible avec cent et quelques soldats du bataillon et quelques citoyens de couleur (1). J'avais compris que je ne conserverais aucune possibilité, non-seulement de repousser une attaque, mais même d'entourer les bords de nos tombeaux de quelques traces du sang de l'ennemi, si nous attendions dans un lieu resserré, l'assaut des cinq colonnes qui nous environnaient ; trop faible pour attendre l'ennemi, je pouvais l'éloigner, quelque tems, de notre dernier asyle, en me rapprochant de lui. J'avais fait occuper, à deux portées de fusil, une butte (*la Pointe sèche*) j'y avais fait placer des canons ; nous avions étendu notre défense sur toute la sommité et les penchans du morne.

Notre artillerie (il avait bien fallu nous restraindre à cette arme que nous servions tous) avait suspendu, par un feu vif, la marche des colonnes, et retardé le dessein d'un assaut général.

Nos postes et notre artillerie du dehors, le magasin à poudre, nos magasins des vivres et la maison du gouvernement, furent partiellement attaqués pendant la nuit à l'arme blanche, par neuf cens hommes, nous n'en avions pu destiner que cinquante à cette défense extérieure ; l'officier qui les commandait fut tué.

Je n'ai pas compris pourquoi, après ce succès, lorsqu'il restait plus d'une heure de nuit, et que l'artillerie dont je disposais encore, ne pouvait pas avoir, dans l'obscurité, de direction assurée,

---

(1) Voyez cote P, 1, 2, 3 et 4, et cote G.

les autres colonnes placées si prés du retranchement, où même les troupes qui venaient d'attaquer et qui étaient aux pieds de nos talus, ne donnèrent pas, sur le champ, un assaut général dont le succès devait paraître infaillible.

Je n'avais plus alors à ma disposition, ni farines, ni citerne, ni fours; je n'avais de biscuits que pour deux jours (j'en ai produit l'état), le lendemain je fus sommé de me rendre (1).

Les généraux ennemis m'écrivirent : «.... Toute » témérité, à contre-tems de votre part, soumet» trait votre garnison et les colons à toutes les » horreurs et les conséquences d'une plus longue » résistance ».

Je répondis, «..... L'honneur des troupes à mes » ordres et l'obligation de remplir leur devoir, » doivent leur être plus précieux que la vie..... » Nous opposerons, selon les loix de la guerre, » une juste défense aux attaques que vous aurez » préméditées ». J'ai produit les copies de la sommation et de ma réponse.

Je m'étais plaint de la conduite de l'officier supérieur anglais, du massacre qui s'était fait dans l'hôpital militaire lors de l'attaque des postes environnans. Quoique je supprime ici les détails, je rapporterai l'extrait de la réponse que me firent le général Grey et l'amiral Jervis.

« Le général Ricard a été mal informé des cir» constances qui ont précédé l'attaque des postes » avancés et des batteries françaises, la nuit der» nière, par l'infanterie légère anglaise; sous le » commandement du *lieutenant-colonel Cook.* » Une partie des troupes qui défendaient les ou» vrages se réfugia dans les maisons voisines, et » fut suivie par les attaquans; mais même, dans » la chaleur de l'action et dans l'obscurité (*but* » *even in the heat of action and in the dark*) dès

---

(1) Voyez cote R, No 1, 2 et 3.

» que les malades furent apperçus en ce lieu, on » les épargna avec cette humanité, etc. etc. »

Le feu de notre artillerie s'était soutenu ; la nuit approchait. Les mouvemens que nous apperçûmes nous instruisirent que l'ordre venait d'être donné d'un assaut général. Les équipages du vaisseau amiral avaient la tête des colonnes ; on leur avait donné des échelles : la pente de nos talus rendait leur usage superflu.

Je profitai de ce qui nous restait de jour. Notre enceinte n'était pas bordée ; des branches entières restaient nécessairement sans un seul fusil pour en défendre directement les approches : je me bornai au service de quelques pièces que je fis charger à cartouche et orienter à demeure pour flanquer le pied d'une partie des talus, et je groupai ces pièces du petit nombre de bayonnettes dont je pouvais encore disposer après avoir employé les bras nécessaires à la manœuvre des canons.

Je ne puis bien dépeindre ni assez louer le mérite de la troupe qui exécutait mes derniers ordres ; un bivouac continuel et le service pénible de l'artillerie ne paraissaient pas l'avoir fatiguée.

Nos détachemens extérieurs avaient été précédemment dispersés ou tués, nos batteries du dehors avaient été enlevées; une colonne occupait les trois quarts de la sommité du morne, et quatre autres colonnes de huit à onze cens hommes chacune l'entouraient et n'auraient formé qu'une seule attaque environnante et liée dans tous ses points.

Je ne disputais plus à l'ennemi que quelques *toises de rochers* ; tous les quartiers de l'île étaient soumis ; nous attendions en silence le dernier signal du carnage. Une capitulation pareille à celle des forts de la Martinique, et les honneurs de la guerre nous furent offerts (1).

---

(1) Voyez No 4, cote R.

J'ai adressé au comité de salut public les conditions que nous consentîmes et le plan des ouvrages que j'avais ordonnés, signé de l'ingénieur principal, avec le procès verbal de leur état de situation au moment de l'attaque, signé des officiers de l'état-major.

Quels motifs vous ont conduit au Continent des Etats-Unis ?

Des motifs de devoir, de zèle et de nécessité. Je crus devoir me réunir au commandant général des Isles-du-Vent. Je fus instruit qu'il venait de se rendre au Continent de l'Amérique pour y attendre et exécuter les ordres de la République. Je réunissais, à l'égard de ce commandant militaire, le général Rochambeau, tous les genres de confiance qu'on doit accorder à la valeur, aux talens et à la probité.

J'avais rendu compte à la Convention de ma conduite publique; mon retour plus prompt en France, n'aurait été d'aucune utilité, puisqu'une fatalité inévitable venait de me réduire à l'impuissance de servir ma patrie, les armes à la main le reste de cette guerre.

Je venais pour peu de tems, chez un peuple ami et voisin du théâtre de la guerre des Colonies, dans un pays où je pouvais unir ma voix à celle des amis de la France, et me retrouver utile à ma patrie dans un moment où les exactions anglaises pesaient sur les américains comme sur les français, et qu'une rupture prochaine paraissait vraisemblable. Je croyais être instruit d'une partie des projets aussi sages qu'utiles de l'ancien *ministre Genet ;* j'ignorais que les tyrans de la France eussent proscrit, par son rappel, son énergie et ses talens; et j'étais assuré de trouver auprès de lui les secours personnels dont j'avais le plus extrême besoin.

Septuagénaire, j'avais pu, pendant plus de deux ans, soutenir des fatigues excessives, la douleur d'avoir été abandonné de ma patrie, de continuelles agitations de l'ame, plus accablantes que les maux physiques; il me fallait quelques semaines de repos ou mourir d'épuisement.

Enfin, il me fallait satisfaire à des engagemens pressans. J'avais abandonné mon traitement presque en sa totalité, à la détresse de la colonie, aux besoins d'une troupe digne de tous les éloges, à des hôpitaux dont les malades ont plusieurs fois manqué de bouillons sur leurs lits de mort. J'avais de justes motifs de me flatter que je pourrais plutôt, plus aisément et au plus près, acquitter des engagemens que je n'avais contractés que pour servir la République (1).

Ainsi, des devoirs d'état, mon âge, mes fatigues, l'épuisement de mes forces, des engagemens d'honneur; tels furent les premiers motifs de mes déterminations.

Je prévoyais bien que quelques voix perdues de scélérats obscurs, calomnieraient mon absence comme ils avaient calomnié mes actions, qu'ils m'accuseraient d'avoir redouté les jugemens de ma patrie. Moi! craindre ma patrie! lorsqu'à soixante onze ans je lui avais sacrifié le rang de mes services, mes émolumens et tout ce qui me restait de fortune et de vie; lorsque je l'avais servie avec les principes les plus purs et les plus fermes, et la constance la plus soutenue; lorsque je la croyais heureuse et gouvernée par sa sagesse et ses loix. J'ignorais alors les ravages de la tyrannie que j'aurais redouté, que j'aurais fui, sans doute, si je les avais connus.

(1) Voyez mes dépêches datée de New-port.

Quelle

Quelle conduite avez-vous tenue sur le Continent Américain ?

La conduite réservée et modeste qui convient à l'infortune, celle que me dictaient mon caractère, les leçons du malheur et le desir de l'estime publique.

Quelques transfuges de nos îles, les mêmes qui s'étaient soustraits, par la fuite, à la punition des loix, les mêmes peut-être qui depuis ont infecté de leurs mensonges les salles où s'assemblent les comités de la représentation nationale, étaient arrivés aux Etats-Unis ; ils se vantaient de trouver des appuis ; et dans l'intention d'anéantir la mémoire de la vraie trahison originaire qui avait ravi aux Colonies les moyens de se défendre avec succès, ils répandirent la fable mal tissue d'une trahison supposée. Mais des Colons fidelles à leur patrie, après s'être refusés au serment de la trahir, abordèrent les rivages des Etats-Unis ; et mille voix s'élevèrent, en un seul cri, en témoignage de la vérité.

Lorsqu'un systême d'abandon et de dévastation venait de priver des administrateurs, de la possibilité de conserver les Colonies, il ne restait plus que d'entreprendre de rejetter sur eux la honte et la punition des forfaits dont ils avaient été les victimes.

En quittant Ste-Lucie j'avais vendu presque tous mes effets. Des ressources, que j'avais dû considérer comme assurées, me furent refusées. J'opposai, en vain, à de durs refus, les droits de la probité, de la vieillesse et du malheur (1).

Je joins à cette dépêche le décompte des avances que j'avais faites pour la République.

---

(1) Voyez le décompte de mon traitement adressé aux comités 8 9 Thermidor, et les pièces à l'appui.

Quels sont les motifs qui ont retardé votre retour en France ?

Un état continuel, pendant cinq mois, de langueur et de souffrances qui ne m'avaient laissé aucun espoir de rétablissement ; ce tribut que l'ame est contrainte d'acquitter quand ses ressorts ont été fatigués par des épreuves trop prolongées de sentimens douloureux.

La connaissance générale qu'on avait eu à cette époque, des malheurs intérieurs de la République et des proscriptions féroces et arbitraires qui frappaient des mêmes coups l'innocence et le crime. L'abandon des colonies avait été visiblement la cause de leur perte, cet abandon avait été l'ouvrage des monstres qui maîtrisaient la France, ils ne pouvaient se disculper qu'en nous assassinant (1).

Les traîtres ! c'était de la sagesse même des représentans du peuple les plus éclairés dont ils avaient outré et perverti l'usage ! Une résolution prudente avait fait adopter le projet de ne pas disperser au loin les forces de mer de la France, lors qu'elles essayaient leurs premiers élans, de ne pas multiplier les théâtres d'une guerre maritime ; mais, des recrues, de la poudre, des fusils, du pain, n'auraient exigé que le prêt de quelques *flûtes armées*, eut-on dû risquer de les perdre ; mais, des commissaires délégués, des décrets, quelques lettres encourageantes, des témoignages de souvenir et d'une estime déjà méritée n'auraient pas contrarié les plans d'une défense centrale.

Enfin, je n'ai pas cessé de nourrir l'idée consolante que la tyrannie qui avait immolé tant de victimes périrait bientôt par ses excès, le réveil d'un peuple sensible et juste, et le courage et les vertus

(1) Voyez mes dépêches datées de Philadelphie.

du plus grand nombre de ses représentans. Mon attente n'a pas été trompée.

Connaissant parfaitement la source des malheurs que j'ai vus et que j'ai partagés, je puis indiquer, peut-être, quelques moyens de les réparer. -- Je reverrai bientôt la France.

Quel est le résultat de vos demandes ?

L'acquit des témoignages d'estime que ma patrie n'a pas encore accordé à la troupe patiente, courageuse et fidelle que j'ai eu l'honneur de commander.

La possibilité de remplir mes engagemens.

Le rang de mes services.

L'aveu que *j'ai bien mérité de ma patrie.*

Je demande l'appréciation équitable des moyens que Ste-Lucie n'avait plus à sa disposition, lorsqu'une seconde fois, l'ennemi s'approcha de ses rives ; déjà depuis quinze mois, ses besoins l'avaient assiégée, sa résistance avait usé ses forces, et son impuissance l'avait vaincue.

Je demande de promptes déterminations qui opposent une digue puissante à des torrents destructeurs.

Si le systême de terreur qui a coûté à la France tant de larmes et de sang, s'établissait au-delà des mers, il y étoufferait les germes des reproductions coloniales, il dévorerait l'avenir, il détruirait l'espoir du commerce, de l'abondance et des richesses que le commerce seul peut reproduire.

CONCLUSION.

Dans cette esquisse rapide, et parconséquent imparfaite, je me suis borné au récit de quelques faits qui ont cependant pu donner une idée assez juste de la situation locale et de l'état moral de la colonie que j'ai administrée et des principes que j'ai suivis. Trop souvent, autour de moi, on a voulu substituer des jeux artificieux de mots, des exagérations, aux expressions simples et sublimes du vrai *patriotisme*. *L'aristocratie* m'opposait ses dépits, son orgeuil et ses folles espérances; *l'intrigue* m'opposait ses bassesses et ses perfidies, elle parlait au *peuple d'intérêts* et de *droits* pour les lui ravir et le gouverner, elle le flattait pour le tromper et déguiser une ambition effrénée. Au millieu de ces tourbes toujours agissantes j'employais, je cherissais les vrais citoyens, ils ont plusieurs fois prété au gouvernement le soutien dont il avait besoin. Contrarié par beaucoup d'obstacles peut-être n'ai-je pas fait, dans chaque situation, tout le *bien* possible, mais, je n'ai point négligé d'effectuer tout le *bien* que j'ai pu appercevoir.

Comme administrateur, j'ai défendu les propriétés, la paix, et les lois; j'ai aimé le peuple, et j'en ai obtenu la confiance et l'amour; j'ai immolé tous les ressentimens personnels et n'ai vengé que les lois.

Comme Français, Républicain et Soldat, j'avais préparé les résistances que le sang froid et l'expérience avaient pu me suggérer pour défendre, avec de très-faibles moyens, des plages ouvertes à des projets d'invasion.

Je n'ai pas soutenu de siége parce que je n'avais pas de remparts.

J'ai défendu, avec une poignée de braves gens, contre des colonnes de cinq mille hommes, un retranchement presque accessible de toutes parts.

Notre artillerie a arrété la marche des colonnes, elle a fait suspendre le dessein d'un assaut général dont il aurait été, de toute autre manière, impossible d'empêcher le succès le plus rapide.

Nous avons soutenu une attaque partielle de vive force jusqu'au pied des talus de notre dernier retranchement.

Et dans cette situation, j'ai obtenu à mes Compagnons d'armes, tout ce que l'estime d'un ennemi aurait pu accorder à des défenseurs d'une Place fermée.

Voilà, Représentans du Peuple, les titres de mon honneur, de mes demandes et de votre justice.

N. X. RICARD.

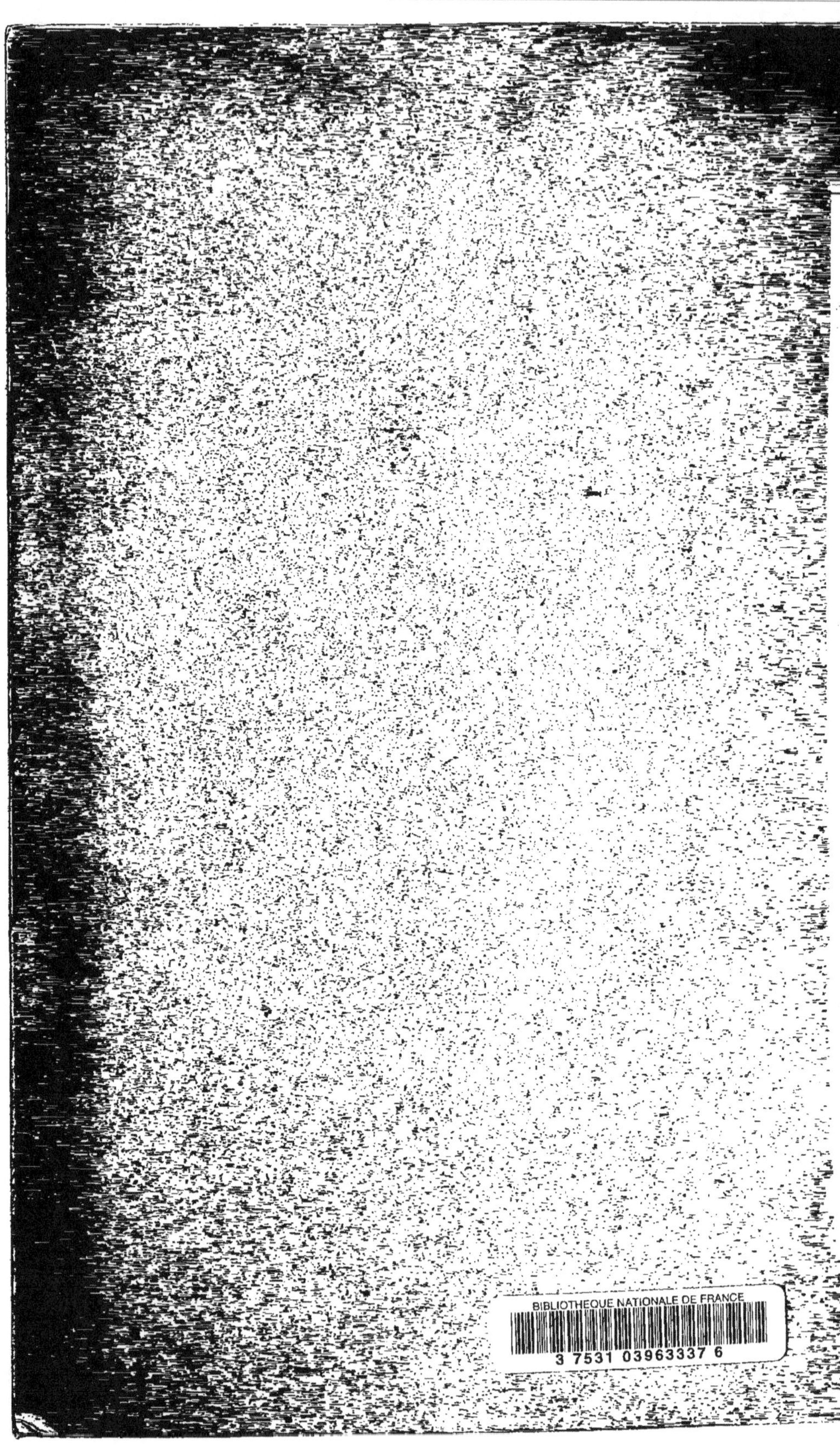

www.ingramcontent.com/pod-product-compliance
Lightning Source LLC
LaVergne TN
LVHW020305230826
846091LV00006B/2542

9782013381673